내 삶의
힘이 되어 준
시^詩

신사봉 제2시집

내 삶의 힘이 되어 준 시詩

시인의 말

한시라도 시를 떠나 본 적이 없다. 시는 언제나 내 마음속에 기쁨이 있었고 삶에 지쳐 힘들 때마다 나를 잡아주었다. 시는 삶의 뿌리며 꿈이며 이상이다.
  시가 사라지는 순간 우리의 삶도 끝나고 말 것이다.
  시가 소멸되지 않도록 시를 읽고 쓰고 널리 알리는 일에 정진할 것을 스스로 다짐해 본다.
  시는 나의 목숨이다. 시는 언제나 나의 친구이다.
  시가 내 곁에 있어 줘 두 번째 시집을 출간하게 된 일, 참 기쁘다.

2021년 11월 분당 정자동 자택에서
신사봉

신사봉 제2시집　　　　　　　내 삶의 힘이 되어 준 시

□ 시인의 말

제1부 아름다운 동행

걸으면 산다 ─── 13
나이가 들어가면서 ─── 14
도전, 꿈의 무대를 본 후 ─── 15
따뜻한 동행 ─── 16
뜻밖에 ─── 17
발걸음 ─── 18
밝은 세상으로 ─── 19
봉사의 길 ─── 20
살다 보니 ─── 21
삶 ─── 22
아름다운 동행 ─── 23
유골 ─── 24
연금지 사랑 ─── 25
이 풍진 세상 ─── 26
잠 ─── 27
찻잔 속의 향기 ─── 28
코로나가 바꾼 세상 ─── 29
핑계 ─── 30
협착증 ─── 31
호박꽃의 비밀 ─── 33

내 삶의 힘이 되어 준 시   신사봉 제2시집

제2부 여행은 끝이 없다

37 ──── 아카시아꽃 피면
38 ──── 갈등
39 ──── 그늘 사랑
40 ──── 그런 날이 또 있을까
41 ──── 마음을 닮아 가면
42 ──── 풍경
43 ──── 계절의 사랑
44 ──── 꽃과 열매
45 ──── 여행은 끝이 없다
46 ──── 잊는다는 것
47 ──── 찬란
48 ──── 아름다운 세상
50 ──── 문학이란
51 ──── 그냥 피는 꽃 어디 있으랴
52 ──── 끈
53 ──── 층간 소음

제3부 들꽃 사랑

57 ──── 나팔꽃 사랑
58 ──── 청매실
59 ──── 연분홍 철쭉

신사봉 제2시집   내 삶의 힘이 되어 준 시

느티나무 —— 60
담쟁이 —— 61
들꽃 사랑 —— 62
맥문동 —— 63
무궁화꽃 —— 64
무화과 —— 65
물푸레나무 —— 66
밤나무 —— 67
배롱나무 —— 68
쑥 —— 69
여름 나무 —— 70
연꽃 —— 71
풀 —— 72
후박나무 —— 73
은행나무 —— 74
단풍 —— 75
겨울나무 —— 76

제4부 가을 문턱

모퉁이에서 —— 79
물구나무서기 —— 80
비 —— 81
소나무 집 —— 82

내 삶의 힘이 되어 준 시 · 신사봉 제2시집

83 ── 벽시계
84 ── 우산
85 ── 우편물
86 ── 우편 번호
87 ── 임플란트
88 ── 청첩장
89 ── 탁구공
90 ── 허수아비
91 ── 새봄의 숨결 소리
92 ── 봄비
93 ── 5월
94 ── 삼복더위
95 ── 시월이 오면
96 ── 가을 문턱
97 ── 눈이 오던 날
98 ── 12월

제5부 행복이란

101 ── 나도 모르게
102 ── 마음 얼굴
103 ── 가까운 길과 먼 길
104 ── 쓰레기통을 보며
105 ── 인맥

신사봉 제2시집　　　　　　　내 삶의 힘이 되어 준 시

작은 것들 ──── 106
행복이란 ──── 107
꽃, 빈자리 ──── 108
배○○ 형을 추모하며 ──── 109
언제나 ──── 110
큰형수님의 손 ──── 111
큰형님 지팡이 ──── 113
고창 청보리밭 ──── 114
봉하마을 ──── 115
신추도의 천일염 ──── 116
영릉 길에 오르다 ──── 117
용산역에서 ──── 118
정자역 ──── 119
토평동의 가을 ──── 120
평화시장 ──── 121
포천 허브아일랜드 ──── 122

□ 해설_기청

아름다운 동행

제1부

걸으면 산다

걸으면 살고
누우면 죽는다기에
날마다 걷는다

기氣를 주세요
기를 받으세요
서행보다는 파워 워킹

식료후食了後 천보千步
동천지動天地

심장의 고동 소리
비로소 가볍구나

나이가 들어가면서

살아온 날들이 슬픔일까 행복일까
가슴 뭉클해지는 인생의 무상함이다

나이가 들면
마음도 함께 늙어 버릴 줄 알았는데…
세월에 지배 받는 육체는
그 세월을 이기지 못하고 늙어만 간다

나이가 들어도 머릿속에는 추억을 실어
조금씩 조금씩 변해 가는 내 일상이
줄기차게 뻗어 가는
대나무처럼 살고 싶다.

도전, 꿈의 무대를 본 후

나는 언제나 한 송이 불기둥이었으니
참혹한 눈물 흰 구름처럼 지나요

먹지도 자지도 않아요
남몰래 가슴에 박힌 자식의 죽음
그리고 엄마, 아버지, 하늘나라에 갔지만
나도 죽음의 문턱에 이르러 회복된 일

세상에서 가장 힘든 말
세상에서 가장 아픈 말
그리움

꿈의 무대, 오기까지
시청자들은 기쁘게 울고 즐겁게 웃었다
진정 클로즈업할 수는 없을까
5승을 바라보며…

따뜻한 동행

언제나,
희망 나눔의 캠페인, 봉사하는 분들
사랑은 그대에게

냉수 한 그릇에도 정이 담겨 있는
수정노인종합복지관에는
손발을 움직이지 못하는 어르신들을 위하여
겨울철에도
도시락 반찬을 제공해 주는 일들…

그대는 나에게
나는 그대에게 사랑의 몸을 던지니
세상에서 향기 넘치는 봉사

폭풍한설에도 정이 꺼지지 않는
사랑의 꽃이 피어나,
늘 함께 있어 행복의 길

뜻밖에

내 돈을 빌려 간 뒤 수십 년 종적 감춘 이를
전철 안에서 보게 될 줄이야

세상에 태어나 한번도 먹어 보지 못하였던 용봉탕을
여행길에서 먹게 될 줄이야

병원에 갔던 날, 시련의 말을 듣고
나의 아버지라 여기고 처방해 준 원장님
나의 몸이 정말 좋아질 줄이야

발걸음

서울의 한낮
걸어간 발길은
유명 시인 콘서트장으로 향했네

풀꽃 사랑
만나려
모든 사람 발걸음 이어지고

내남없이 흔들리는 오늘
문을 열고 들어섰지만
열 평도 안 되는 카페, 낯설은 기타 소리

돌아선 발길
우거진 가로수엔
매미 소리만 울어대는 여름 풍경

저녁 노을 진 서쪽 하늘 바라보았네

밝은 세상으로

가방 하나 메고 가는 길,
어느 길을 걸어 어디로 가든지

무겁거나 작거나
비 오는 날에도 눈보라 치는 날에도
공부하는 이유, 일터로 나가는 이유
맹인도 점자를 읽으며 글을 쓴다

책 속의 밝은 세상
나도
시, 하나를 얻기 위해 오늘도 도서관에 가는 날

봉사의 길

할 수 있는 일과
할 수 없는 일을 하였을 때…

사랑을 싣고
매일매일 봉사의 손발은,

혹한의 아침에도
내일을 위하여 힘찬 웃음

배려와 포용,
다하지 못한 일에 아쉬움을 삼킨다

살다 보니

알지 못한 사람도
만나고 싶은 얼굴이 있다

문학의 선생님을 찾아
분당에서 일산으로 갔다가

돌아오는 길 서현역
김부자 가수를 만날 줄이야
그 고왔던 얼굴은 어디로 갔을까

바람 속으로 사라져 간 아름다움

삶

모질게 삶을 살아
힘들게 버팁니다

어렵게 살지만
괴롭게 밀리지만

참으로 잘살 겁니다
꿈꾸듯이 꽃잎 피듯

아름다운 동행

순간순간들이 모여
서로의 마음을 정답게 하는 청운동의 숲속 길

인왕산 자락 길
이름 모를 꽃들
눈빛 새롭게 한다

꽃 같은 그대
착한 눈빛 해맑은 웃음
그대에게 가고 싶다

꿈, 사랑 바라던 일
나도 맑은 사람이 되어
그대의 꽃이 되고 싶다

유골遺骨

나지막한 야산에는 무덤이 많다
풀잎보다 못한 무더기 무덤이며
아기의 젖을 금방 뗀 어머니의 무덤도 있다

수맥이 지나가는 흉상에 풍수지리가는 말한다
부실부실한 유골

시월 볕 좋은 날,
길 닦고 땅 흔들려 죽은 이도 무덤을 여네
뼈들이 춤을 추네
좌청룡 우백호의 전설도 사라져 가는 이 시대

바위처럼 살아가신 아버지
구름처럼 흘러가신 어머니
하늘에 기도하는 이장날

연금지 사랑

누구나 자신의 가슴속에
간직하고 싶은 일이 있다

잊혀질 수 없는 사람
잊지 못하는 사람

자신에게 특별한 관심을 보여 준 사람
반대로 상처를 주는 사람도 있다

은빛 머리 휘날려 황혼에 있지만
생기를 일으켜 주는 연금지….

새로운 정보와 따뜻한 배려
일상에서 소중한 인연,

샘물과 같이 마르지 않는 연금지 사랑
오래오래 웃음꽃 피우리라

이 풍진 세상

대한민국 세상 만났으니
너의 희망이 무엇이냐

새 집 한 채 지어 보지 못하고
아파트에 둥지 틀었네

가는 곳마다
송사 한번 안 했으니
사내 할 일 다했을까

부귀와 영화 누리지 못했어도
삶의 등불 되어 준 문학 교실

이 풍진 세상 구름이 지나듯
참 좋은 세상!

잠

불빛에 떠 있는
신비한 나뭇잎 세다가
잠이 들었네

나뭇잎이
잠든 몸 위로 떨어지다
나무가 되는 꿈을 꾸었네

안타까운 이 밤
너무나 아름다워
그대 간절히 그리웠네

그대여
내 집 잃은 여름밤
내게 편안한 잠, 허락하시라

찻잔 속의 향기

시와 음악이 흐르는
산촌山村집

은은한 향기에
심장의 박동은 고요히
어느새
웃음과 설렘 가득하다

푸르른 5월
햇살이 스며드는 찻잔에
내가 살아온 날을 돌아보게 한다

마음에 기쁨 주는
꽃처럼
찻잔 속 향기 가슴에 담아 본다

그리움도 저 멀리
웃음꽃 이룬다

코로나가 바꾼 세상

요양원을 파고들어
병마를 다스리려고 해도
한 사람 두 사람 쓰러지는 것을 막지 못하네

병상마저 수혈이 어렵고 모자라
신의 손길만 바라네
명절에도 가지도 말고 오지도 말라는
비대면의 캠페인 시대,

살아 있음에 감사한 오늘
기쁨의 날을 바라보며…
작년의 오늘이, 기뻤던 그날이,

팬데믹에 마스크도 쓰지 않는 사람들아
이 파렴치한 사람들아

핑계

책을 읽으려면
눈이 짜증을 낸다

공기 좋은 탄천 길 걷는데도
무릎이 투덜댄다

독서를 좋아하고
산책을 좋아하면서도

이 일 저 일 핑계가 태산이다
그래도 할 수 있는 일

삶의 희망을 찾아
오늘은 문학반을 향해 힘차게 나선다

협착증狹窄症

진단 6개월째,
병원에서는 수술을 권한다

세상은 눈물이 아니라
이웃을 잇는 인정이다

이웃이 권하는
물구나무 운동과
매일 30분 이상 걷는 것
내가 할 수 있는 것으로
통증을 달래었다

당기고 찌르던 고통도
그늘진 마음도
조금씩 사그라든다

창밖의 바람과
허공의 구름을 본다
나에게 세월이 준 선물이다

아픔과 동거하면서
그 뒤에 숨은 삶의 의미를
되새겨 본다

호박꽃의 비밀

초야草野의 덩굴 속에
해맑은 웃음으로 노오란 꽃잎 피어
벌 나비 모여들게 하는 예쁜 너

허기진 유년의 시절
닭들만 좋은 꽃, 못 먹는 호박꽃

궂은비 내리는 날
옹기종기 푸진 호박전
구수한 입맛 그리워진다

삼백예순 날
두고두고 큰 호박 그리며
큰마님 얼굴 기다려지네

길섶의 덤불에도 살쪄 오르고
농부는 흥이 겨워 춤을 덩실덩실
달덩이 천사야

여행은 끝이 없다   **제2부**

아카시아꽃 피면

무색무취가 아름다운 향기를 이긴 적은 없다
다홍치마에 색동저고리 그 아름다움이 아니다

정들어 잊지 않았던 첫사랑 편지 한 통
아련히,
생각나던 사람
그녀가 웃고 있다

이젠,
반짝이며 날아가는 물방울들도
햇빛까지도 산내리바람 타고
그대로 흘러가는 일

갈등

몸이 있는 곳에
내가 있는 것인가

마음이 있는 곳에
내가 있는 것인가

임 주신 사랑
따로 있으니
괴로움이 생기네

그늘 사랑

폭풍이 몰아치는 저 높은 언덕
한 송이 꽃에도
나무도,
사람도,
모든 것들도,
그늘이 없는 삶이란
행복할 수 없다

삼베 타래기 덜커덕거리는
베틀에 길쌈이 한창인 시절
무명 바지 검정 고무신 신고
하늘 천 따 지 읊던 시절 그립다

그늘이 없는 사랑은
진정, 아름다운 꽃이 될 수 없기에

그런 날이 또 있을까

뒤돌아볼 겨를도 없이
아등바등 걸어온 길

꽃잎 같은 눈송이 속에
아름답게 피어나는 세상

만성 체증도 낫게 하는 통쾌한 노래
음치의 엇박자마저도
신이 내리는 소리
그 가락은 마음을 흔들어 준다

마음을 닮아 가면

마음이 닮아 가면
얼굴도 닮아 간다

낯빛으로 눈빛으로
마음을 읽지요

폭풍의 긴 여정의 길 위에
단 하나의 당신 얼굴
낮에도 별이 뜬다

풍경

땅 위에 아파트가 들어서면
도시가 되고

땅 위에 곡식이 자라면
농촌이 되고

땅 위에 공장이 들어서면
공업지대가 되고

무엇을 심을까
내 마음에는
어떤 풍경일까

계절의 사랑

겨울은 봄을 끝없이 사랑했지만,
봄은 겨울을 사랑하지 않았다
둘이 함께 있는 시간은 너무나 짧았고
겨울은 봄 안에서 무너져 내렸다
계절은 갔던 길이 아니면 오지 않는다

봄은 여름을 끝없이 연애했지만,
여름은 봄을 받아들이지 않았다
봄은 겨울의 흔적을 보이지 않으려
녹은 겨울을 묻고 또 묻었다

여름은 봄을 끝없이 연애했지만,
가을 때문에 이루어지지 못했다
가을은 미안한 듯 곧 사라졌고 아무런 비난도 받지 않았다
거리에는 피 흘리는 생화들이 가득 피어 있었다
꽃을 건드리자 벌들이 튀어나온다

계절은 왔던 길이 아니면 오지 않았다
우리네 삶의 길은 어떠한가

꽃과 열매

땅속으로 뻗은 뿌리들은
가지를 향해 힘차게 뿜어 올린다

새봄을 화사하게 보여 준 섭리

숲을 이루고 피톤치드 뿜어내
풍성한 세계를 만든다

우리가 땅을 파보면
아무것도 보이지 않지만

땅속의 뿌리들은
땅기운을 모아
마침내 꽃과 열매를 맺게 한다

여행은 끝이 없다

말하지 않고
기록을 하지 않아도
계절의 변화는 흔들리지 않고 오듯이

오늘도 어제처럼 끊임없이
만나고 떠나는 사람들

바다와 하늘에도
여행은 끝이 없다

잊는다는 것

사람 이름
여러 단어
수많은 추억
잊어 가는 일들 붙잡을 수 없다

잊어 가는 것에 가슴 아팠지만
햇살과 산들바람은
한쪽 편만 들지 않아
되돌아오는 길
손을 흔들 수조차 없었다

찬란

화분에서 잎이 돋아나는 일도
흙이 감정을 참지 못하니 찬란하다

잠자던 복수초의 꽃도
찬란하지 않으면 모두 뒤처지고
세상에서 멀어진다

바람에 몸을 맡기고
살아가는 나무들도
찬란하지 않으면 다 그만이다

사람이 살아가는 일에도
다 찬란이다

아름다운 세상

세상이 아름답지 않거든
그대
가슴속 거울을 보세요

기억의 골이 너무 깊어
찾을 수 없거든
거울에 먼지를 닦아 보세요

누더기 옷에
풀죽으로 연명하던 시절 아리다

원망을 하며 지새운 날들
내 마음의 어둠이
두려웠을 뿐이다

눈은 가슴속 거울을 비추는 창
세상은 있는 그대로
비춘답니다

삶이 힘들어도
미소를 잃지 않는 사람
하찮은 일에도 귀 기울이는 사람

세상이 아름답지 않거든
오랜 세월 잊고 살아온
내면의 거울을 닦아 보세요

문학이란

삶의 치유는
문학이다

울고 웃는 날에도
방향의 길이 있고 비전이 있다

달이 구름을 빠져나가듯
나는 네게 아무것도 아니지만

문학은 지혜의 등불
있는 그대로를 순수하게 받아들이는 것

아직, 꿈꾸지 못한 것들
희망은 누구에게나 있는 법,

너와 나
발전의 길은 온전히 문학이다

문학은 고뇌 속에
역사를 남긴다

그냥 피는 꽃 어디 있으랴

여름 한낮 양귀비도
바람 부는 날 한두 번이랴
참으며 또 참으며 찬란히 꽃 피웠지

천리만리가 아닌데도
아직 이루지 못한 일
조국 통일 꽃불잔치가 벌어진
남북미 정상회담

아직 평화 이루지 못하였지만

드높은 희망,
만 송이 꽃 평화를 위하여…

끈

누구나 끈을 가지고 태어난다
혈육과 혈연관계, 그리고 지인 사이
삶의 길에 노숙자도 있다
혼자서는 살 수 없을까
모두 욕망을 버리고
마음을 훔치며 살 일인가
입으로 사기를 치고
돈보다 욕망이 무섭다
말하지 않는 고뇌가 나를 죽인다
친구의 들리지 않는 한숨이
귀청을 때리는 저녁, 작은 일에 한숨이
나는 술병을 들고 소나무 밑에 앉는다

층간 소음

미친 발소리가 천장에서 쏟아진다
닫았던 귀를 또다시 친다
덧난 고름이 출렁이는 방
벽과 벽 사이 흘러나온다
감정을 아무리 지워도
수많은 가지들 흔들린다
기울어진 그늘
저벅저벅 침입 소리
무기를 든 아집들이 흔들어 댄다

들꽃 사랑

제3부

나팔꽃 사랑

지난밤 이슬에 촉촉이 젖은 채
찬란한 아침
폭염에도 굴하지 않고 무성하게 피었다

분홍빛 사랑, 동그랗게 커가고
울창한 넝쿨 씽씽한 생명력
돌아보면 짧은 한평생

바람 불어오면 미소로 화답하고
햇빛이 찾아들면 가슴을 열어 주며
꽃 진 자리 아픔마다 계절은 여물어 간다

청매실

너의 푸른 알몸을 딴다

푸른 너의 속살을 바른다

네 몸의 파아란 체액을 뽑아낸다

눈물 같은 쓴맛까지 뽑아낸다

세상에서 진미가효珍美佳肴 밥상 되리라

연분홍 철쭉

희망의 햇살
희망의 의지를 받으며
제철이 오면 꽃은 피어난다

연분홍 철쭉꽃 다섯 잎
꽃송이
아기 눈망울

베란다 한켠
우리 집의 자랑
제일 먼저 피운다

봄은 어김없이
찬란하게 오는데
내 삶의 희망은 언제쯤 꽃피울까

느티나무

하늘 향해 오르는 길
거센 바람에도 허리를 굽히지 않는다

초록의 빛 생기로
당당하게 평화를 지켜온

나의 스승이다

담쟁이

이것은 벽,
죽은 나무와도 손잡고 싶은 마음…

외로움을 참아내며
차가운 벽을 기어오른다

먼지, 삭풍, 구름을 안고
가장 높은 곳에 이르렀을 때,
하늘도 웃는다.

들꽃 사랑

어디서나 피어난다고
함부로 꺾지 마세요

당신은 나를 아름답다 안 해도
슬프거나 기쁘거나
흠도 티도 없지요

흔하고 천해서
귀한 이름 얻지 못했지만
꽃잎 위에 나비가 찾아오지요

나약하게 보일지라도
높바람을 물리치며
대지를 지키는 몸이지요

맥문동

어둡고 습한 그늘진 곳에
숲은 서늘한 사랑을 끌어안고 있다

천둥이 내일을 무너뜨리고
우박이 나무를 때려도
스러지지 않는 푸른빛의 낙원
청옥빛 그늘진 땅에 초록을 입힌다

풀섶에 반짝이는 꽃봉오리
머리에 흑진주를 달고 있구나

무궁화꽃

비바람 몰아쳐도 꿋꿋이 견뎌 내고
보살피지 않는 외진 곳에서도
해마다 곱디곱게 핀다

다섯 꽃잎 노란 꽃술, 자태를 이룬 무궁화꽃
따뜻한 정을 갖게 하고
희망과 용기를 지니게 한다

오고 가는 철새도 바라보며
짙푸른 잎새 드높이고
어김없이 아름답게 핀다

이 강산에 뿌리내린 무궁화꽃
일편단심 한마음으로
올곧음을 보는구나

무화과 無花果

푸른 시절
언덕배기에 홀로 서
열매가 더 소중하다고,

한평생 돌아보면 순간일 뿐
무엇이 옳고
무엇을 그르다 할까

나무는 숲을 이루지만
들, 언덕, 울타리에서
무화과는
다소곳이 수줍음을 감춘다

활짝 꽃 한번 피워 내지 못하고
언제나 비바람을 맞으며
열매를 지키려는
그 아름다움이여.

물푸레나무

바람 멈춘 숲길에서
저녁 어스름에
저 짙푸른 빛은 어디서 오는 건지

이 세상에서 내가 갖지 못할 빛깔
이토록 견고하고 경건함은
아주 슬픈 빛일지라도
삶의 의지력을 갖게 한다

나도 너같이 푸른 마음 품고

사시사철 잔잔히 물들며
경이로운 사랑의 숲길에서
영원히
아름다운 풍광이 되었으면

밤나무

바람 따라 풍경도 웁니다
이 가을!
주렁주렁 매달리게 하려면
벌들이 얼마나 기진맥진 일을 해야 할까

벌들의 나팔소리 극락으로

올해도 탐스런 밤송이들을
하늘 보자기에 담아
향긋한 풋밤의 향내
하늘도 웃음꽃 이루네.

배롱나무

폭염에도 끄떡없이
붉은 몸을 보여 주는 너,

허덕이지 않고
그토록 견고함을 가졌느냐

어느 곳에서나
백일 동안 아름다운 얼굴 놀랍구나

꽃은 피어도 소리가 없고
새는 웃어도 눈물이 없는 자연의 순리

이 모두가 흔들리며 피어나는 일

쑥

가난한 자와 손을 맞잡고
얽히고설켜 살아왔다

생사의 갈림길에서
식량이 되어 준 너,

부황난 몸뚱이를
쑥뜸으로 다스리기도 하였지

힘겨운 날을
소리 없이 이겨 낸 불멸의 양식이여

한 맺힌 세월 그날은 갔지만
풀 언덕에서 울고 있다

여름 나무

푸르른 기상으로
싱그러운 동심同心이 되어

줄기에서 잎맥을 타고 수액을 따라
꿋꿋한 의지를 키우며 하늘길 연다

가마솥 불볕더위에도
무성하게 미래를 꽃 피우려는
영혼 속으로 흐르는 천년의 강물이다

연꽃

에메랄드빛 빛살을 안고
물위에 피어나는 눈부심

흙탕물에서도 꽃의 풍경
수면 위에 잔치를 벌이는 아름다운 덕진호수

네가 죽어 문드러지지 않는 한
수백 년의 심장 행렬

풀

풀은 뼈가 없지 살뿐이다
살 속에 달빛 들어가 또 살이 된다

겨울 절벽…
바람이 일어나도 포근히 엎드려 주지

저 푸른 초원도
흙의 나라에,
자기 몸의 신비함을 만들고
겨울이 닥쳐와도
어디서나 새롭게 태어나는 풀의 나라

후박나무

더위도 땀 흘리지 않고 서 있다
추위도 같은 자리에 견뎌 낸다

해풍과 해무를 이겨내고
사시사철 푸르름을 보여 준다

나무를 보러 오는 사람들은 많지만
열매를 모아 둘 창고가 없다

거짓 없이 살아가고
두텁게 살아가는 후박厚薄나무

하늘로 오르는 길
너의 그늘은 기름지고 치렁치렁해

고급 재목과 후박피에 천연 약차 명품 나무

삶의 길에도 후박나무처럼
좋은 향기를 보이자

은행나무

풍요로운 황금 나무!
가지에 달린 금빛 찬란한 잎새

대낮 같은
아름다운 빛깔

어느 구석에
그토록 구린 냄새를 숨겨 두었던가
노란 은행 알맹이가 떨어진다

깊어 가는 만추의 계절

단풍

어느덧 붉게 물들어 고운 잎새 때때옷
가지마다 매달린 꽃잎들
빨간 불가사리 곱기도 하여라
눈시울 뜨겁게 하네

따사로운 가을 햇살
남이섬의 강변 길
갈대도 춤을 추네

꽃처럼 불꽃처럼 언제나 그대로였으면
바람 속 샴푸 방글방글 피어
산과 들, 노래하네

겨울나무

벌거숭이가 되어
울다가
웃다가

추울수록 옷을 벗는다
바람이 불면 가슴을 열어젖힌다

두려움을 이겨 내는 천연의 몸
벌거숭이가 되어
겨울나무가 서 있다

가을 문턱 　제4부

모퉁이에서

모퉁이가 없다면
그리운 곳 뭐가 찾을 게 있겠어

어찌하여 미혼 여성이
손가락 사이
푸른 연기를 마구 마셔 버리는 걸까

골목이 아냐 그리움이 모퉁이를 만든 거야
모퉁이가 없었다면 외딴집 찾을 건가

물구나무서기

꼿꼿하게 더 힘차게
세상을 번쩍 거꾸로 들어올린다

순간의 절벽 박쥐가 되어
지상을 서 본다

긴 장대처럼 꽂혀 있을지라도
그림자도 힘차게 매달리는 길

너와 나
하늘을 향하여 통쾌함을 이룬다

비

태양도 없이
춤추는 기쁨

내리는 빗속에
온갖 것 오는 소리 지른다

흙도 나무들도
밭의 작물들도 소리 지른다

빗소리 속엔
나의 운명, 숨어 있다

당신과 만나 비에 한없이 젖던 날

어떤 슬픔에도 기쁨을 주는
명랑하고 시원한 황금의 비

소나무 집

직사각형의 집 마당에 십자가를 이룬
우뚝 솟은 소나무 집
하늘이 내려준 솔향기가
신의 선물인 양 서 있다
인왕산의 정기精氣 천기의 명당일까
햇살도 비껴 주고 바람도 내어 주고
새들과 구름들도
조용히 지나가는 집
사방의 천기를 그려내는 정경
폭풍과 폭설에도 끄떡없는 집
청솔가지에 날아든 새소리
오늘은 유난히 푸르다

벽시계

잠도 잊은 채
자정을 넘어가고 있다

문턱을 넘어오는
아련한 숨소리

나이를 먹지 않는 맥박

빈맥頻脈의 초침 소리
세월 속 꽃이 되어
새롭게 피어나고 있다

우산

봄비 내리는 날
혼자 걷는 길

봄이 오면 겨울 잊고
가을 오면 여름 잊듯

눈물 한 방울까지의 애틋함은 잊었더라도
당신으로 인해 사랑을 알았음으로

장대비가 내려도
외롭지 않은
영원한 삶을
받쳐 주는 우산이고 싶다

언제나
당신을 가려 주는
하나의 우산
사랑이고 싶다

우편물

내가 못 가는 곳에도
우표만 붙여 주면 그가 온다

반년 만에 일 년 만에
잊을 만하면 편지 한 통

외로울 때
마음 따뜻한 사랑의 편지

비밀의 사연도
안 보이게 함께 온다

우편 번호

길 없어도 찾아가는
사랑의 우편 번호

세상에서 가장 아름다운
어머니의 말도

우편 번호가 없으면 신용불량자다

사람과 사람 사이
그대의 달빛 편지
우편 번호는 생명이다

임플란트

하마처럼 크게 벌린 입 속으로
불도저를 투입하여 붕붕 갈아엎는다

썩은 기둥 헐어 버린 공터에
집수리하는 드릴 소리 요란하다

수차례 벽을 헐고
듬성듬성 쇠기둥 박고
하늘 지붕 덮는다

하마도
동굴 속 어두운 기억이
하얗게 변하는 공포를
참아야 하는 걸까

청첩장

거리에서
스친 인연에게도
사람들은 현실을 계산해서 청구했다

저마다 다른 삶의 방식으로
멀리 떨어져 있던 우리는

꽃과 나무가 함께 어우러지는 날
한없이 아름다워야 할 세상이
온통 어둠으로 칠해졌음을 보았다

탁구공

비상한 손놀림 마술
하얀 미소만 흐른다

신들린 듯 스매싱
가슴 뜨거운 무아경 요동친다

제 몸을 둥글게 껴안고
마침내 화들짝하는 날

허수아비

들녘 참새 떼가
내 머리에 앉는다

미친 바람은 아무 때나
내 어깨를 함부로 흔들다 가는데

이 황량한 벌판에서 혼자인 나는
빈 가슴으로 서 있을망정
들판의 일꾼,

심은 대로 거두고 준 대로 받으리라

새봄의 숨결 소리

경칩이 지났다
명주바람 타고 온누리에 내려온다

옷 벗은 나뭇가지는
어느새 새 꿈을 잉태한 채
꽃잎 트인다

새들의 웃음소리
거문고의 선율에 실려 오는
봄소식 전해 준다

삶이 힘들지라도
봄은 희망으로 물결쳐 온다

봄비

입춘이 지나더니 봄비가 내린다
하늘의 기운奇雲
가뭄을 헐고 있네

혹독한 칼바람을 이겨내고
기쁨의 눈물 동천지動天地

꽃 피는 봄도 좋지만
맺힌 꿈 풀지 못하면
늙은 꽃 허망한 자리

사랑은 봄비, 이별은 겨울

봄비는 인생의 향기
우리네 삶을 빛나게 한다

5월

푸른 잎들이
빈 산을 채우면
씨앗 영글어
새들도 노래를 한다

돌봐 주지 않아도
자신의 생명을 키우는 야생화처럼
시련과 고통을 통해서만
강한 사람이 될 수 있다

반성과 섬김을 일깨우는 5월…
소리 내며 피는 꽃은 없다
꽃처럼 사는 5월

삼복더위

태양은 용광로
매미는
최고의 음악회를 열고

방에 누워 꼼짝하지 않는다고
복찜 해결할 수 있을까

갑자기 번개치는 날
하늘이 무서워 꼼짝 못할지라도
계절은 한순간

무더위 참기 버거워도
푸른 산에 가면 마음의 샘터
바다에 가면 수평선의 찬란한 낙조

우리에겐 사계절이 있어
모든 이의 얼굴에
웃음꽃 피네

시월이 오면

하늘 아래 펄럭이는 풀잎들
여물어 가는 풀씨 한 톨 신비롭다

우리는 베푸는 일에 인색했던가
용서하며 솔직해지자

폭풍이 몰아치던 날에도
풀들은 머리를 맞대다

너와 나 작은 나눔에도 감사하고
울먹이며 가슴을 내어 주자

영글어 가는 풀씨 하나에도
가슴이 두근거리는 시월

가을 문턱

창살 사이로 파고든
이슬 맺힌 찬바람
여름 더위를 씻어 주네

이슬방울 사라져
저 멀리 들판에도
가을 향기 풍겨 주네

코스모스 길 따라
걷는 사람 이어지고
방긋 웃는 꽃잎은
나의 마음을 사로잡네

눈이 오던 날

맑고 정갈한 아침
하얀 눈이 소리 없이 내린다

삭막한 대지
빈 뜨락에도
하얀 눈꽃송이 이루지만
당신의 손길 바쁘기만 하다

앞뜰에는 엄마와 아이들은
눈사람 만들어
오고 가는 사람들 눈웃음 이루고

초록을 품었던 나무들
갈증난 칼바람 속에도
굳세고 늠름한 겨울나무들
은백색의 아름다움이여!

하얀 꽃을 이룬 푹신한 눈부심
나뭇가지마다 순백 되어
웃음꽃 이루다.

12월

오랜만에 잡아 본 손
더러는 잊고
나무보다 더 흔들리는 당신
가지보다 더 휘청거리는 당신
허둥지둥 막을 내린 12월

더러는 숨결,
사랑과 증오는
이쯤에서 매듭짓고

새로운 출발을 위해
시계를 자주 보는 사람들

제5부 행복이란

나도 모르게

많은 말하지 않아도
마음 편해지는 사람

떠올리기만 해도
입가에 미소 번지는 사람

두 손 잡고
따스한 느낌 나누고 싶은 사람

표정 하나 몸짓 하나
어여쁘고 사랑스러운 사람

얼굴이 고와서가 아니라
행복을 빌어 주고 싶은 사람

영원히 오래도록 온기를
전하고 싶은 사람

마음 얼굴

마음을 비우자고
의논했더니
그도 흔쾌히 허락한다

욕심 없는 얼굴
용서하는 얼굴
그리고 나니
아름다운 얼굴

오, 그 많은 얼굴들이
어찌 좁은 내 안에 다 모여 살 수 있을까

마음을 강건케 하는
어떤 비결을 지녔는가

가까운 길과 먼 길

가까운 길도
멀 때가 있고
먼 길도 가까울 때가 있다

가까운 사람도
멀게 느껴질 때가 있고
먼 사람도 가깝게 느껴질 때가 있다

어제도 오늘도

가까운 길을 두고
먼 길만 걷는구나

쓰레기통을 보며

버려야 할 것
아니 버려야 할 것
한데 엉켜
쓰레기 수거함 넘쳐난다

지난날 삶의 흔적
울분, 질투, 시기, 원망,
용서, 인내, 나눔도
쓰레기통에 가득하다

못다 한 꿈 이루려면
가슴속 남아 있는 절망의 찌꺼기
모두 버려야 한다

편견에 얽힌 삶은
소통이 안 되는
동토凍土가 되기 때문이다

인맥

정이란,
떠받들어 주는 것이 아니고
내가 얼마나 많은 사람과 소통하느냐에 있다

작은 것들

작은 물방울
작은 모래알
그것이 크나큰 바다를
아름다운 사회를 만든다

작은 순간들
비록 그것이 하찮아도
마침내 힘이 되는
크나큰 시대를 만든다

작은 잘못은
선행의 길로부터
모든 사람들의 생활을
빛나게 한다

작은 친절
작은 사랑의 말
그것이 누구에게나
행복하게 만든다

행복이란

재물 많고 권력이 있다 하여
행복한 것은 아니다

재물이 없다고 하여 불행한 것도 아니다
행복은 얻는 것이 아니며
누가 주는 것도 아니다

서로 사랑하고 대화하며 사는 것
건강하고 평화로운 취미 생활

더불어 이웃과 나누며 사는 삶
사랑이 있고 간절한 소망이 있다면
그것이 바로 우리의 행복이다

꽃, 빈자리

동짓달의 들녘
산과 들이 온통 순백의 눈길
청명한 햇볕, 바람도 잔잔한 음력 11월 26일

뜨거운 눈길 한번 주지 못하고
미처 뵙기도 전에 형수님을 하늘나라로 보낸 일
눈물로 막을쏜가

유구悠久한 속세를 떠났어도
23세에 시집와 79년의 남긴 발자취
우리 모두에게 가르침 되어
설한풍에도 헛되지 않았다

사형제가 마련한 꽃 피는 정읍시 봉양리 땅
설국雪國이 되었던 날
하얀 꽃송이에
바람도, 산새들도, 까치도, 함께 울었다

배○○ 형을 추모하며

이 가을 홀연히 떠나다니
설움이 더하네요

형은 가셨지만
기우회棋友會 사무실
바둑돌 소리
그 모습 아직도 떠오르는데
어디로 떠나셨나요 무얼 하러 가셨나요

재입원하던 날
초췌한 모습에 어두운 가슴 달래며
재회의 날 빌고 빌었건만
이젠 돌아올 수 없는 길

병고 없는 하늘나라에서
편히 쉬고 계신가요

그래도
나는 보내지 않았어요
내일 다시 만나요

언제나

층층이 밀집되어 있는 아파트를 벗어나
도서관은 어머님의 품속이다
죽는 순간도 입으로
책장을 넘겼지
꿈을 안고 남몰래 눈물짓던 날
파도는 꽃이 피어서 흔들리고
지상에는 양귀비꽃
땅속을 뚫고 나오는 파란 새싹은 변함없는데
나는 무슨 꽃이 될까
노인종합복지관에 한글을 배우는 어머님들을 본 후
영혼의 어머님을 만났다
흰꽃을 만났다

큰형수님의 손

그 옛날
두레박 물 길어 올리던
큰형수님의 따뜻한 손길이
집 마당에 가득하다

지난날
무엇이든 만지기만 하면 마술과도 같은 손

목화를 심어 긴긴 밤에도
베틀에 벗을 삼아
보릿고개 눈물고개를 이겨 내시던 일,

버리고 버려도 아깝지 않은 나이
어느 날 병상에서
큰형수님의 갈퀴손을 잡아 본다

말없이 흘러간 세월!
더 기다릴 수밖에 없는 고통의 날이
요양원이라고 하니 한 세월 다 간 듯하다

이젠 하늘나라에 가신
큰형수님의 오른손이
산소에서도 일깨운 듯하였다

큰형님 지팡이

큰형님 지팡이
예쁜 지팡이

걸음을 걸을 때마다
미소가 피어오른다

산은 그대로 있는데
물은 그대로 있는데

어느새 큰형님에겐
지팡이 하나 생겨났다
고운 다리가 하나 생겨났다

산처럼 물처럼 늘 하나로
푸르게 푸르게 사시는 큰형님
하나를 더 의지했다

고창 청보리밭

황무지에서 푸른 경관을 이룬
24만 평의 고창 청보리밭

눈부신 초록의 길을
금빛 햇살 안고 걸었네

언 땅에도 싹을 틔우며
찬바람을 오히려 끌어안는 예지

어둠 속에서도 빛을 향해
푸르게 패는 이삭

언제나 세월은 가도
사이좋은 형제처럼 이웃처럼 모여드는 곳

봉하마을

평화의 숲속 봉하마을
그대의 자리 선명하게 보여요

화려했던 날들을 벗어나
황량한 벌판에서 방황하는 목소리
보이지 않아도 멀리서 들려요

세상은 변하지만 우리의 추억
언제나 함께 있을 거예요

신추도의 천일염

지도읍에서 배 타고 30분 들어가는 섬
갈 데까지 가보자
할 데까지 해보자
황무지에 40년 가꾼 염전

무인도 한복판에서 몸이 천근만근 내려앉는다
척박한 땅에 혹독한 바람이 불어도
황야荒野의 투혼으로 벌판이 눈꽃송이를 피운다
이렇게 관광길이 될 줄이야

꽃마다 염분 가루가 날린다
긴 가마 쌓아 놓고 얼굴, 얼굴을 쳐다본다
낮술한 태양이 염전에 내린다
꽃이다

영릉英陵 길에 오르다

초록 잎의 싱그러운 자태
배꽃 같은 순결한 정
꽃향기 그윽하다

형형색색 꽃들, 눈부신 모습 가득한 6월
초록 햇살 받으며
앞서거니 뒤서거니 영릉 길에 오른다

천년 바위처럼 서 있는 영릉
나는 숨죽이고 고요히 두 손 모은다

용산역에서

낡은 건물이 바뀌고
지나가는 사람들도 바뀌고
비둘기호에서 KTX로 바뀌고
광장도 바뀌었다

새롭게 변화되어 가는 일들
언제쯤이면
통일된 역사도 바뀔까

모였던 사람들은 모두 자기 길로 가고,

그 조그마한 날개를 갖고도
하늘을 나는 참새의 재주를 바라보던 날
나는 언제쯤 글 쓰는 일이 잘될까

정자역

광야曠野에서 번영의 길,
신분당선의 개통…

희망의 환승역
모든 사람 발걸음 재촉하고

출발하겠어요
여기는 정자역이에요

차를 타시면
질서정연 앉으셔야지요

길이란 옷깃을 스치기 마련이고요
제 그림자는 밟으셔도 좋아요

자연 식물도 가득한 탄천,
물도 따라서 힘차게 흘러가네

토평동의 가을

산들바람 타고 풍경 속으로 들어갔네

박넝쿨 수세미 약호박 웃으며 반기네

춤추는 꽃잎들 분홍빛 노래로 내 손을 잡네

나도 한 마리 나비 되어

가을 향수 뿌려 주었네

강변의 코스모스

우쭐우쭐 어깨춤을 출렁이며

나를 유혹하였네

평화시장

그곳에 가면
무지개 꽃바람이 불어오는 길,

새벽에도
평화스럽게 꽃길 만드는 곳,

나는 행복의 날개를 사러
평화시장에 간다

포천 허브아일랜드

골짜기 지나서
다시 골짜기,

열두 개울 지나
다시 골짜기,

꽃과 나무와 물소리
새소리 벌레 소리 싸우는 곳

그늘이 푸르니
마음이 푸르고

사시사철 모여 하늘이 된다

세상 모든 사람 나를 버려도
향기로운 허브,
언제나 기다림 없었겠느냐

해설

삶의 지혜 그리고 행복론 幸福論
— 신사봉 시인의 시세계

기청 | 시인, 문예비평가

　행복은 무엇인가? 고래古來로 사람들은 이 문제의 해답을 구하고자 했다. 일찍이 그리스의 철학자 아리스토텔레스는 『행복론』을 저술했다. 그의 관심은 여러 요소 중 개인의 잠재력 실현에 중점을 두었다.
　영국의 고전학자 에디스 홀은 아리스토텔레스를 '자기개발의 아버지'로 소개한다.
　그러면서 '그가 말하는 행복'은 목표를 발견하고 자아실현을 위한 노력을 지속적으로 실행하는 것이라고 해석한다.
　이런 주장을 보다 구체적으로 뒷받침하는 것은 미국의 사회심리학자 매슬로우 Abraham Maslow(1908~1970)의 욕구 단계설이다.

한 개인이 성장하면서 원초적인 욕구(생리 안전 애정)에서 사회적 욕구로 발전한다는 것이다. 소속에서 인정(존경)받으려는 욕구와 자기실현의 욕구가 그것이다.

이성적 지향은 피라미드형 욕구 계층의 맨 위에 놓인다. 자기실현은 비로소 호모사피엔스(생각하는 인간)의 궁극의 목표를 실현하는 것이다.

이렇게 보면 예술(시)을 창작하고 향유하는 것이야말로 자아실현의 요체要諦가 아닌가 한다. 현실은 물질 지향의 욕구로 정신이 병들고 있다. 이런 위기의 시대에 정신의 가치를 지향하는 창작 활동은 희망이요 구원救援이 아닐 수 없다.

시인은 현상 속에 살지만 관찰자로서 그 역할을 수행한다. 그래서 그의 관점으로 해석하고 자신의 세계를 구축하는 능력을 가진 존재인 것이다. 시인의 창조적 탐구는 자신과 독자를 행복하게 만드는 일이다.

신사봉 시인은 서문에 해당하는 〈시인의 말〉에서 간결하지만 솔직 담백한 저자의 고백이 담겨 있다. 그것은 시에 대한 자신의 관점이다. "한시라도 시를 떠나 본 적이 없다"로 시작되는 문맥에서 시는 '삶의 뿌리' '꿈' '이상'으로 은유한다. 나아가 '목숨' '친구'로까지 발전하여 시가 그에게 얼마나 비중 있는 존재인지 밝힌다.

앞서 자아실현을 통한 행복론을 떠올리게 한다. 비교적 늦은 나이에 시를 접하고 꾸준히 작품 활동을 해온 신 시인에게 시야말로 삶 혹은 존재 자체의 등가물等價物인 것이다.

신사봉 시인은 이미 첫 시집『눈물 없이 살 수 있으랴』를 출간한 바 있다. 현재 한국문인협회 소속 회원으로 꾸준히 창작 활동을 하고 있는 문인이다. 정보통신부 산하 공직에서 은퇴한 후 모범적인 사회 봉사 활동으로 국가상훈편찬위원회에 등재되기도 했다. 시인으로서 공동체의 봉사 활동은 이타利他정신의 실천이며 자아실현의 영역을 더욱 확장하는 일이다.

이런 기본적인 관점에서 신사봉 시인의 시편들을 읽고 분석하면서 독자의 이해를 돕고자 한다.

시는 시인이 살아온 경험의 산물이다. 거기에 상상력의 옷을 입히고 영감靈感의 혼을 불어넣는 작업이다. 신 시인이 경험한 시공간의 상징 의미와 개인적 자아에서 사회적 자아로 확장되는 변화의 과정을 그의 시를 통해 살펴보기로 한다.

1. 회상 공간 – 소금과 쑥

시적 화자의 관심이 과거로 향할 때 회상 공간이 드러난다. 그것은 어떤 상징 의미를 갖는 것인지 유의하면서 분석해 보기로 한다.

    지도읍에서 배 타고 30분 들어가는 섬/ 갈 데까지 가보자/ 할 데까지 해보자/ 황무지에 40년 가꾼 염전 // 무인도 한복판에서 몸이 천근만근 내려앉는다/ 척박한 땅에 혹독한 바람이 불어도/ 황야荒野의 투혼으로 벌판이 눈꽃송이를 피운다/ 이렇게 관광길이 될 줄이야 // 꽃마다 염분 가루가 날린다/ 긴 가마 쌓아 놓고 얼굴, 얼굴을 쳐다본다/ 낮술한 태양이 염전에 내린다/ 꽃이다
                          —①〈신추도의 천일염〉 전문

    가난한 자와 손을 맞잡고/ 얽히고설켜 살아왔다 // 생사의 갈림길에서/ 식량이 되어 준 너, // 부황난 몸뚱이를/ 쑥뜸으로 다스리기도 하였지 // 힘겨운 날을/ 소리 없이 이겨 낸 불멸의 양식이여 // 한 맺힌 세월 그날은 갔지만/ 풀 언덕에서 울고 있다
                                  —②〈쑥〉 전문

    작품 〈신추도의 천일염〉과 〈쑥〉은 시인이 경험한 시대의 상징 의미가 함축되어 있다. 고난과 가난, 한숨과 배고픔이다.
    ①시는 시대가 변하면서 잊혀진 염전의 어제와 오늘, 힘겨운 노동 속 삶의 보람을 생동감 있게 그렸다. "갈 데

까지 가보자"처럼 단호한 어조와 간결한 표현은 의지적 태도를 보여 준다.

"황야荒野의 투혼으로 벌판이 눈꽃송이를 피운다"처럼 '척박한' '혹독한' '투혼'은 힘겨운 여건에서도 이를 극복하려는 결의가 드러나 있다.

'눈꽃송이'는 고된 노동을 보람으로 환치還置시키는 역설적 표현으로 긍정적 태도가 드러난다. 결미 부분의 "낮술한 태양이 염전에 내린다/ 꽃이다"에서 '낮술한 태양'의 감정이입이나 '꽃이다'의 상징적 영탄은 이 작품의 완성도를 높여 주는 압권이다.

②시 '쑥'은 먹는 문제가 심각했던 지난 시대의 고난을 상기시킨다. 쑥은 우리 민족과 불가분의 관계로 그 상징 의미가 크다. 단군신화에서는 인욕忍辱을 상징한다. 쑥의 왕성한 생명력은 우리의 끈질긴 민족성을 상징하기도 한다.

지난날 지배계층의 무능과 일제의 수탈로 가중된 식량난은 혹독한 시대의 수난이었다. '보릿고개'를 경험한 세대에게 쑥은 목숨이요 구원이었다.

시적 화자는 과거의 회상을 통해 오늘의 풍요와 방만을 우회적으로 꾸짖는다.

물질의 풍요가 정신의 결핍을 부추기는 시대의 역설을 안타까워하는 것이다.

2. 확장 지향 – 혈연 그리고 봉사

자아는 가치 실현을 위해 주변과 사회에 대한 관심으로 확장된다. 나를 넘어야 비로소 이타행利他行으로 가는 사회적 자아로 확장된다.

시월 볕 좋은 날,/ 길 닦고 땅 흔들려 죽은 이도 무덤을 여네/ 뼈들이 춤을 추네/ 좌청룡 우백호의 전설도 사라져 가는 이 시대 // 바위처럼 살아가신 아버지/ 구름처럼 흘러가신 어머니/ 하늘에 기도하는 이장날

―③〈유골遺骨〉일부

그대는 나에게/ 나는 그대에게 사랑의 몸을 던지니/ 세상에서 향기 넘치는 봉사 // 폭풍한설에도 정이 꺼지지 않는/ 사랑의 꽃이 피어나,/ 늘 함께 있어 행복의 길

―④〈따뜻한 동행〉일부

시의 관심(대상)은 자아에서(가족 혈연) 출발하여 이웃과 사회로 확산된다.
③시는 고인이 된 혈연에 대한 그리움을 담담하게 그린다. 이장移葬을 하면서 유골로 누워 있는 부모님에 대한 회한을 드러낸다. 존재의 근원인 그들, '바위'(아버지), '구름'(어머니)은 그들의 생애를 한 개의 어휘로 압

축한 상징이다. '바위'는 말없는 버팀목이며 '구름'은 포근한 안식이다. 생전의 이미지가 유골처럼 빛바랜 허무의 무상無常으로 다가온다. "뼈들이 춤을 추네"에서 사후에도 안식을 갖지 못하는 시대의 불안을 탄식한다.

④시는 자아를 극복하고 소속한 공동체에 대한 봉사를 통해 자아를 실현하고 있다. 그것을 가능케 하는 것은 헌신과 사랑이다.

"그대는 나에게/ 나는 그대에게 사랑의 몸을 던지니"에서 이웃사랑의 참의미를 제시한다. 사랑은 일방적인 것이 아닌, 상호소통을 통해서만 가능한 것이다.

"폭풍한설에도 정이 꺼지지 않는/ 사랑의 꽃이 피어나"에서 이타행利他行의 본질이 드러난다. '정' — '꽃' — '행복'으로 이어지는 연결고리는 진정한 승화이자 행복의 요체인 것이다.

3. 사유思惟와 성찰 – 마음 그리고 행복론

자아는 스스로 성찰하고 에고(자기중심)를 극복할 때 더 개아個我에서 사회적 자아로 나아가게 된다.

> 마음을 비우자고/ 의논했더니/ 그도 흔쾌히 허락한다 // 욕심 없는 얼굴/ 용서하는 얼굴/ 그리고 나니/ 아름다운 얼굴 // 오, 그 많은 얼굴들이/ 어찌 좁은 내 안에 다 모여 살 수 있을

까∥ 마음을 강건케 하는/ 어떤 비결을 지녔는가
—⑤〈마음 얼굴〉 전문

폭풍이 몰아치는 저 높은 언덕/ 한 송이 꽃에도/ 나무도,/ 사람도,/ 모든 것들도,/ 그늘이 없는 삶이란/ 행복할 수 없다∥ 삼베 타래기 덜커덕거리는/ 베틀에 길쌈이 한창인 시절/ 무명 바지 검정 고무신 신고/ 하늘 천 따 지 읊던 시절 그립다∥ 그늘이 없는 사랑은/ 진정, 아름다운 꽃이 될 수 없기에
—⑥〈그늘 사랑〉 전문

시의 관심이 내부로 향했을 때 사유와 성찰의 형식이 된다. ⑤시, ⑥시는 시인의 연륜이 가져다준 행복론이다. 행복을 잃어버린 시대의 행복론이 펼쳐진다.

⑤시는 내 안에 행복이 있다는 깨달음이다. 작은 깨어남이 나를 변화시키고 세상을 밝게 만든다. 그것은 마음을 비우는 일이다.

욕심 없는 마음은 나를 편안하게 한다. 무욕無慾의 정신은 상대를 향했을 때 용서와 사랑으로 포용한다. 살면서 만들어낸 갖가지 탐욕이 고통을 만든다. "마음이 모든 것을 만든다"는 일체유심조一切唯心造의 불교적 진리가 느껴진다.

⑥시는 진정한 행복의 조건은 고난과 시련의 극복임을 체험으로 밝힌다. '그늘(시련)'은 자아 성숙을 위한 필

수 요소인 것이다. 지난 시대의 고난 극복이 오늘의 행복의 원천임을 강조한다.

4. 가치 지향 – 문학 그리고 희망

매슬로우의 욕구 단계 가운데 자기실현의 욕구는 정상에 놓인다. 내가 할 수 있는 가장 보람 있는 일을 찾을 때 비로소 희망과 성취가 뒤따라온다.

삶의 치유는/ 문학이다∥ 울고 웃는 날에도/ 방향의 길이 있고 비전이 있다∥ 달이 구름을 빠져나가듯/ 나는 네게 아무것도 아니지만∥ 문학은 지혜의 등불/ 있는 그대로를 순수하게 받아들이는 것∥ 아직, 꿈꾸지 못한 것들/ 희망은 누구에게나 있는 법,
―⑦〈문학이란〉일부

세상이 아름답지 않거든/ 그대/ 가슴속 거울을 보세요∥ 기억의 골이 너무 깊어/ 찾을 수 없거든/ 거울에 먼지를 닦아 보세요∥ 누더기 옷에/ 풀죽으로 연명하던 시절 아리다(중략)∥ 삶이 힘들어도/ 미소를 잃지 않는 사람/ 하찮은 일에도 귀 기울이는 사람∥ 세상이 아름답지 않거든/ 오랜 세월 잊고 살아온/ 내면의 거울을 닦아 보세요
―⑧〈아름다운 세상〉일부

자아가 가치 지향으로 향할 때 자기실현의 욕구를 자극하게 된다.

문학에 대한 열정은 자아를 변화시키고 세상에 대해 새로운 해석과 관점을 확립한다.

⑦시에서 시적 화자는 문학을 삶의 치유라 정의를 내린다. 그러면서 '지혜의 등불' '순수' '꿈' '희망'과 동의어로 해석한다.

결국 문학은 자아를 치유하고 사회와 시대를 치유하는 묘약妙藥이라 말한다. 시인이 서문에서 밝힌 시와 삶의 등가성을 확인할 수 있는 작품이다.

⑧시는 내면의 거울을 통해 세상을 밝고 긍정적인 것으로 바꿀 수 있다고 말한다.

거울은 내면의 본질을 비추는 영혼의 작용이다. 때 묻은 거울을 닦아 내면 청정한 본성이 드러나고 그대로 아름다운 세상이 드러난다고 한다. 이는 희망이 없는 시대, 잃어버린 순수와 행복을 회복하는 최상의 비결인 것이다.

5. 마무리 - 다시 희망

신사봉 시인의 시의 관점은 우선 주제 면에서 시공간적 요소가 빈번히 드러난다. 현실과 과거의 회상 공간에 대한 선명한 대비를 통해 그의 가치관이 드러난다. 과거의 고난과 시련은 오늘을 만드는 원동력이 되었다고 본다.
　자아실현의 과정은 근원에 대한 성찰, 이웃에 대한 봉사와 애국으로까지 승화되는 것이다. 특히 문학에 대한 남다른 애정은 삶과 가치의 등가성으로 나타난다.

　　병상마저 수혈이 어렵고 모자라/ 신의 손길만 바라네/ 명절에도 가지도 말고 오지도 말라는/ 비대면의 캠페인 시대, //살아 있음에 감사한 오늘/ 기쁨의 날을 바라보며…/ 작년의 오늘이, 기뻤던 그날이,
　　　　　　　　　　　　―〈코로나가 바꾼 세상〉 일부

　그런가 하면 현재 인류가 직면한 코로나 팬데믹 위기에 대한 인식도 드러낸다.
　당장은 고통이지만 언젠가는 그 '평범한 날들'의 회복을 희망으로 제시한다.
　신사봉 시인의 이번 시집 『내 삶의 힘이 되어 준 시』의 작품 전편을 관통하는 맥락은 희망 긍정 행복의 회복이다. 그 전제는 그런 아름다운 가치와 휴머니티의 상실이다. 무슨 이유인가? 그것은 물질 위주의 가치 지향, 즉 정신 가치의 빈곤 때문이다. 그가 제시하는 비결은 어렵지 않다. 내 안의 본성의 거울이 맑아지게 하는 것이다.
　이런 삶의 지혜는 신사봉 시인의 연륜과 그의 진지한 삶의 성찰에서 우러나온 것이기에 더욱 값진 것이다.

이번 두 번째 시집 출간을 통해 그의 시도 날개를 달아 더욱 성숙의 경지로 날아오를 것을 기대하면서 이 글을 맺는다.

내 삶의
힘이 되어 준
시詩

발행 ㅣ 2021년 12월 3일
지은이 ㅣ 신사봉
펴낸이 ㅣ 김명덕
펴낸곳 ㅣ 한강출판사
홈페이지 ㅣ www.mhspace.co.kr
등록 ㅣ 1988년 1월 15일(제8-39호)
주소 ㅣ 서울시 종로구 인사동11길 16, 303호(관훈동)
전화 02) 735-4257, 734-4283   팩스 02) 739-4285

값 10,000원

ISBN 978-89-5794-490-5 04810
       978-89-88440-00-1 (세트)

※ 저자와의 협약에 의해 인지는 생략합니다.
※ 이 책의 저작권은 저자와 본 출판사에 있습니다.
※ 이 책은 성남시 문화예술발전기금을 보조받아 발간되었습니다.